Due novembre e poco più

Aneta Marika Szyszkowska

© Aneta Marika Szyszkowska 2021
Due novembre e poco più
Codice ISBN 9798515518981

Copertina e impaginazione interna:
Grafica Romanzi di Michela Crepaldi
www.graficaromanzi.it
Elaborazione immagini: © pixabay.com

Ti dedico queste pagine,
nulla in confronto al tempo che mi hai dedicato tu
in quella interminabile sera di novembre.
2 Novembre, dove io avevo messo la parola fine
tu ci hai scritto la parola
INIZIO

Prefazione

Questa raccolta di poesie è opera di una piccola scrittrice con un cuore grande, con un vuoto profondo che solo le meraviglie della natura riescono a colmare.

Silenziosa e solitaria vaga per il mondo cercando in ogni parola, in ogni angolo la gioia e il dolore della vita. Struggente dentro di sé è il desiderio di pace e di una parola dall'infinito significato che si chiama amore ed emozioni ingarbugliate si snodano in dolci poesie che toccano l'animo e fanno vibrare tutta la vita.

L'autrice ha passato molto del suo tempo nel cosiddetto tunnel della depressione con esperienze forti che lasciano il segno e ha ritrovato la speranza, grazie a persone che l'hanno aiutata, supportata e come a suo dire molto spesso "sopportata".

Il messaggio che traspare dalle sue poesie è di non perdere mai la speranza perché la luce c'è sempre e bisogna solo trovare il giusto interruttore.

Quando ci sentiamo soli anche in mezzo alla gente, dobbiamo pensare che c'è sempre qualcuno che ti ricorda che non sei solo e che è importante avere il coraggio di trovare sempre la forza di chiedere aiuto, anche se a volte ciò è molto arduo.

Dott.ssa Daniela Campanella
Dott. Nicola Serroni

Il sapore di un abbandono

Lacrime d'odio e di dolce perdono.
Un volto stravolto dal pianto,
un'anima che implora dolcezza.
E gridare in una sola notte,
Tutta l'amarezza.

Notte amara

C'era in quella notte
tutto l'amaro delle cose non dette.
L'aspro retrogusto del dolore
che pian piano mi logorava l'anima,
le mie lacrime scesero fitte
sul volto.
Vicino ormai il pensiero
dell'eterno mondo.

Novembre

In questo novembre
fa particolarmente freddo,
soprattutto stasera,
mentre cerco un abbraccio nel vento.
La mia anima ormai avvolta dalla malinconia
guarda fuori dalla finestra,
la luna è ormai alta
io la fisso,
sento il cadere delle mie certezze
come foglie di un albero
in una fredda notte d'autunno.

Malinconia

Mi hanno insegnato che:
se il dolore è condiviso si dimezza
la gioia invece raddoppia.
Io ero sola in quella casa
dove,
quella sera,
la sofferenza
era mia ospite indesiderata.
Tanti i pensieri
che vagano per la mia mente.
Quel dolore al petto
era ormai lancinante.
Il vuoto, troppo grande.

L'alba di un nuovo giorno

La notte pian piano stava volgendo a termine,
io non chiusi occhio,
ma la speranza
che l'indomani
tutto il dolore si poteva colmare,
mi dava la forza
di armarmi di sorriso
e attendere
l'alba di un nuovo giorno,
scacciando pensieri,
portando con sé
speranze e desideri.

L'alba

Bagliori di luce
bussano alla mia finestra,
il cuore di ghiaccio
si scalda,
pronto ad accogliere
un nuovo giorno,
…ma…
di dolori e di rimpianti…
vado avanti
finche Dio lo vorrà.
Mentre il sole consola
la mia anima ormai sconfitta
prendo il motorino,
e insieme a lui
giro tutta la città.

L'aspetto

Stesso posto
stessa ora
ma stavolta,
sono lì da sola.
L'aspetto
tanto so che arriverà
ho voglia di piangere
ho voglia di piangere
ho voglia di piangere.
Un saluto mancato
divora tutte le mie speranze
Vedo nero,
tremo,
fremo,
scappo…
Perché qualcuno ha già deciso per me.

Il cielo

In silenzio ho aspettato
mentre il dolore
sviluppava i poteri della mia mente
arrivo alla conclusione
che non c'è dolore
che il cielo non possa guarire.

L'attesa

Aspetto che arrivi sera
ormai mi sono rassegnata,
la tua assenza mi parla
così tu oggi ti sei negata.
Ormai
non mi aspetto più nulla,
ed è terribile,
il dolore mi annienta
cerco
tutto ciò che mi spaventa.
Arriva sera
ed è buio
dentro e fuori.

Coraggio

La mia vita in un attimo
diventa fuoco e fiamme,
paura e terrore.
Credevo d'aver perso
anche nel gioco della vita.
Aspettavo sera e sera arrivò,
Tremavo,
ma stavolta avevo ritrovato
in me
il coraggio di volare.

L'altalena

Un altalena o poco più
la voglia di gridare
il mio dolore
soffocava la mia anima,
alzavo più e più volte
gli occhi al cielo
quasi a chiedere perdono
sola, nel silenzio della notte
attendevo l'arrivo della mezzanotte.
Con le mie paure feci a botte
ma non mi sarei tirata indietro,
non quella notte.

2 Novembre

Ero lì, fragile indifesa
tu, mi hai raccolto
come si fa con una rosa.
Pian piano andavo giù
il motivo lo so io e lo sai tu
lo sa Dio e nessuno più.

2 novembre m'hai spazzato via
2 novembre m'hai cambiato via.
Cercavo una diversa,
la morte fa lo stesso
un tre che si sgretola…
resto da sola con i miei guai
resto da sola con i miei eroi.

Aspetto mezzanotte sai
l'aspetto come non ho fatto mai,
il suono di un altalena mi culla lentamente
mi accompagna insieme al suon del tic tac…
ma poi invece sai…
Arrivi tu… arrivi tu… arrivi tu…
A salvare vite non servono lauree
basta mente e un cuore che batte.
Tu mi hai salvato come si salva

un pulcino appena nato.
Io ridotta uno straccio ho chiesto a te
tendimi la mano.

2 novembre è tutto li
il ricordo della mia mente
s'è fermata come un orologio rotto.
Ci sei stata ma non ci sei
allora guardami un'ultima volta
ti dirò…
Quel 2 novembre m'ha cambiata.

Ti dirò vai via
invece no tu resta qui con me
l'orgoglio è una malattia
resta qui non te ne andare,
anche se ti caccio via…
resta qui… vattene, ma ti prego tu resta qui.

Arrivi tu

E invece…
arrivi tu
quando il destino era già scritto
mi hai trovato col cuore in mano
ormai afflitto.
Tu come una luce pian piano ti sei avvicinata
io, dal freddo gelido di quella sera
mi sono riscaldata.
Tu, pronta a farmi capire
che c'era un'altra via
e non era lo sai, morire
Ma la vita mia.

Mi son fidata

Di te mi son fidata
anzi
a te, mi sono affidata
pronta di nuovo a spiccare il volo
lasciando indietro ogni rimpianto.
Mi giro un'ultima volta
verso quell'altalena,
anche se so
che la strada sarà in salita
prendo la tua mano
pronta ad accogliere una nuova vita.

Una notte

Una notte in più
una notte che non doveva esserci,
una notte che insegna a viverci,
una notte fatta di infiniti pensieri
una notte fatta per chiederti
Chi sarai e chi eri
sempre la stessa, una vocina mi dice.
ma con la consapevolezza
che di quel quadro
io non sia più la cornice.

Un'altra notte infinita

Quella notte sembrava infinita
io a pensare
che mi aspetta un'altra salita,
l'ennesima
forse,
la più dura.
Non proprio un'avventura,
ma stavolta non sarò sola
anche se…
tante saranno quelle notti
in cui piangerò sotto le lenzuola.
Mi faranno da scudo
quando i rimorsi verranno a trovarmi
ma questa notte no,
perché…
questa notte è ancora mia.

Il tempo passa

Il tempo passa
ma quella sera sembra impossibile
da dimenticare.
Guardo fuori dalla finestra
le lacrime solcano il mio viso.
Il freddo gelido
scalda le mie vene,
mi sento come un'onda
spezzata dal mare,
come un vagabondo
e il suo passatempo:
vagare.

Quanti giorni son passati

Ormai sono passati tanti giorni
dal mio ultimo viaggio in motorino
Nitide appaiono le immagini
nella mia mente,
Attimi di confusione totale
in tante notti che si rincorrono
e formano una vita.
E in questo silenzio
nel quale invito a entrare.
In quelle notti così buie
da far paura,
io dal silenzio…
mi lascio abbracciare.

I suoi occhi

Penso e ripenso
al suo sguardo,
quella sera sembrava
l'unico a esser sincero.
Penso a quella sua mano fredda,
tesa verso di me
e i suoi occhi dolci,
a proteggermi
quando anche lei voleva esser protetta.
Guardavo quegli occhi, li vedevo sinceri
veri,
a tratti insicuri.
Non potevo non fidarmi.
Un mare di stelle
ferme sopra di noi,
la pallida luna a guardarci
era pronta ad accogliermi
ma io avevo scelto i suoi occhi di cristallo
anche in quella circostanza
anche se alzando lo sguardo verso il cielo
le stelle formarono il mio nome.

In ospedale

Sconfitta un'altra notte,
il silenzio
veglia gli animi di uomini smarriti,
in questa stanza
entra fitto un raggio di luce
è l'alba di un nuovo giorno
si prevede una partenza per me
l'inizio che mi porterà a nuova vita
facendo finta
che quel due novembre l'ho scordato
ma di sicuro mi ha cambiato.
Sono pronta per ricominciare.
Sono pronta per lottare e sognare
…ancora…

L'aquila

Quaggiù è tutto diverso
ci sono io e i miei pensieri
mi isolo dal mondo.
Fuori
percorro un tunnel senza luce
mi aggrappo a tutto
ma cado inevitabilmente
ti prego cuore mio
indossa di nuovo la tua armatura
preparati
a superare battaglie
anche se queste lacrime
ti sembrano eterne
e la ragione della tua forza
Spirituale
ti aiuterà
ad arrivare in cima
…proprio come allora…

Sogno

Sogno di fuggire
dove c'è serenità
un amore che nasce
o una donna in maternità.
Sogno di fuggire
lontano da qui
dove i pensieri son leggeri
e vola chi ha le ali.
Giorno dopo giorno
accenno ad un sorriso
mi guardo intorno…
Non sono niente male questi qui
forse ho imboccato la strada giusta
non so se lo sia,
ma di certo è la più onesta.
Vivo di alti e bassi anche qui
come le onde in un mare aperto
ma mi sto facendo forte
forse questo è lo scopo.
Io non mi arrendo
finché non finisce il gioco
…stavolta…

Invisibile

Vorrei essere invisibile,
agli occhi di uno specchio...
agli occhi della gente.
Vorrei essere invisibile,
per il mio cuore ormai affaticato
dato troppe volte per scontato.
Vorrei essere invisibile,
volare tre metri sopra il cielo
dopo aver vissuto tre metri sotto terra.
Vorrei essere invisibile,
dopo esser stata vista già da tanti
ho visto lacrime di gioia
ma anche cuori infranti.
Vorrei essere invisibile.

Forse no,
vorrei essere invincibile,
ma non per guerre già battute
o quelle inesistenti.
Vorrei essere invincibile
per non vivere più a stenti.

Il sole sorge

Il sole sorge
un'alba alla nascita
a ridosso dei miei mille vorrei.
Mi son rialzata col sapore dei saprei
un'alba e un tramonto ancora vedrò
ci penserò quando a volte cadrò
e la speranza di un giorno migliore
mi ha reso complice di questo calore.
Come saprei dire ancora no
come non vorrei dire ancora non lo so
la speranza di un'alba che sorge
ha reso migliore me
vorrei essere migliore davvero
vorrei non tradire il tempo
che però ho già perso
nella speranza di un mattino che non torna
dopo una notte tra incubi e realtà
io penserò che il sole nuovamente sorge
un abbandono che vivrò
con la consapevolezza
che un altra conoscenza incontrerò
e vivrò
con la speranza io vivrò.

Guerra da seduti

Quanto ho camminato in questa vita,
con la faccia da perdente
sopra un velo col sorriso
poi la notte cala il sipario
e mi si scopre il viso.
La gente non capisce
di chi si siede su una foglia
e spera che non voli
e quando capirai che son tutti uguali
chi ti dice non sei solo
e ti ritrovi qui da solo
quella voglia di scappare
e spiccare il volo
tanto prima o poi capirai che sei solo.
È una guerra contro il tempo
questa vita,
lotti sempre,
affinché non possano dire che è finita.
Cammino in ginocchio
senza farmi male
mi hai detto che vuoi salvarmi
ma sei sparito
mentre hai visto che mi stavo ad affogare

scriverò di me e delle mie guerre
quelle vinte,
quelle perse
e quelle ancora in ballo
tu che ascolti
ma non sai niente di me
resta un po' qui con me
ti racconterò cose che non direi mai
lascia che siano gli occhi miei a parlare stasera.

I colori

Se respiri piano puoi sentire il vento
che ti accarezza il viso
anche contro il tempo
di quando pensavi fosse tutto spento.
Mentre tutti corrono,
tu rimani ferma
ad osservar la fretta
e apprezzar la calma
se pensi d'esser giusta o forse anche sbagliata,
non hai colto il senso del tempo
e il suo significato.
Resta ferma un attimo
nella monotonia di un giorno spento
ti ritrovi a guardare il tramonto
senza coglierne i colori
come un campo senza fiori.
Tu sei rimasta qui
a cercarne i sapori
dolci o amari
il trucco è credere in ciò che speri.

Mani tese

A volte si torna indietro
pur non voltandosi.
A volte si inciampa
e si crede di non rialzarsi.
Trovi non una,
ma tante mani tese pronte ad aiutarti,
ti domandi spesso se meriti quell'aiuto
forse non sai risposta,
o se la sai
cerchi di non pensarci.
Fai errori, sbagli quasi continuamente
cerchi aiuto
ma in fondo ad ogni aiuto trovi un motivo
per non accettarlo.
Intorno a te vedi nero, nero, nero
come la morte
si, perché è quella che desideri
si, perché è quella che hai sempre cercato
ti volti di mezzo profilo,
vedi tante buche, salite, discese,
strade ripide e tortuose
hai paura,
paura di tornare indietro

nonostante quella strada...
l'hai vissuta già!
hai fatto un solo passo indietro
ma hai rivissuto tutti i momenti che ti portavi
nascosti dentro,
rimani immobile
di fronte ai problemi
li vedi così grandi e immensi
ti immobilizzano
ho sempre odiato il letto
ma ora ne trovo riparo
per versare lacrime sotto un piumone
che non dirà mai nulla.
Io e lui, quasi come se ci parlassimo,
quasi come se ci capissimo.
Cerco il buio,
lo trovo chiudendo le tapparelle
per nascondere pensieri di cui mi vergogno
ma è solo un buio apparente
la vera morte è nella mia mente.

Il tramonto

Il tramonto m'affascina
quasi a voler dire il libro sta finendo,
mentre io volto di nuovo pagina.
Il tramonto è una carezza gentile
che cambia colori alle cose
fino all'imbrunire.
L'alba mi sostiene
e mi dà forza di ricominciare lui mi abbraccia
e mi invita a continuare
mentre pian piano tutto si fa scuro
io abbasso la corazza e poggio il mio scudo
che domani è un giorno in più
che domani è un giorno in meno
ed io continuo la corsa su questo treno
e mentre tutto tace
aspetto l'alba di un nuovo giorno
pronto a regalare sorrisi
a scuotere amori mai nati
o quelli già condivisi.

A Volte

A volte hai paura.
paura di andare avanti,
ma anche di dire basta.
Paura di piangere,
sbattere tutte le porte e andartene...
E vedere chi invece resta.
Chi sotto la tempesta è disposto a bagnarsi con te.
A volte hai paura...
di restare sola,
di condividere le tue paure
e vedere chi non è disposto a dividere
le sue speranze con te.
A volte hai paura,
hai paura di esporti troppo,
o forse
troppo poco.
Hai paura di un arrivederci dal sapore di un addio
che sia un attimo o per sempre ti chiedo invece
resta al fianco mio...
Un altro minuto,
uno solo
per dirmi che andrà tutto bene
e che le paure le affronteremo insieme.

A volte vorrei evadere,
diventare invisibile
E capire chi è disposto a cercarmi nel silenzio
di una quiete apparente.
Chi diventa indifferente e chi invece si mostra
differente.
Oggi metto musica a tutto volume nella mia testa...
Perché ho capito di esser sola,
O forse no...
Sotto questa tempesta che altro non è...
che una semplice pioggia,
ma dall'aria funesta.

Guerra

Mentre una lacrima scende
e non sa dove andare,
non è ancora finito
il tempo del dolore
bollettini di guerra
ci fanno capire
che non siamo nessuno su questa terra.
Le giornate sono lunghe
ma le notti ancor di più
per chi ha un caro volato lassù
abbiamo in mano un libro
dalle pagine bianche
fatto di amari silenzi
dove non è nemmeno più il tempo dei consensi
quando la notte
chiudo gli occhi
ormai stanchi di vivere di speranza.

Ho paura

Cosa ho chiesto a questa vita?
forse troppo
o forse a volte troppo poco.
Alzo gli occhi al cielo
ma lo faccio di nascosto,
quasi a vergognarmi
di credere in un qualcosa di meraviglioso e puro.
Ho paura,
non lo nego,
mi spaventa persino l'odore del mare
che ho sempre amato...

Ti guardo quasi a chiedere nuovamente perdono
per le mie fragilità e per quello che sono
mi volto
non ricordo niente
forse è stato un sogno
o forse se c'è stato
Dio mi ha dato la forza di averlo dimenticato.

La prima alba

E dopo mesi
era la prima mattina
Che vidi l'alba.
Quel colore sobrio
baciava le montagne
innanzi a me,
fu strano
io, abituata a vederla
quasi mi emozionai.
Non era solo
l'alba di un nuovo giorno
ma rappresentava
l'alba di una nuova vita
che stava per rinascere.

Emozioni

Si alzeranno come colombe
nel cielo del sacrificio
quelle nostre emozioni,
quando la speranza
spiccherà il volo
pronta
a riconquistar la vita.

Passato silente

Gocce di pioggia
risvegliano in me
ricordi di un passato
ch'era diventato silente,
come tempesta di fuoco
che elimina ogni frammento
di realtà.
Il tempo della rinascita
si accosta ad un animo
timido e triste
in attesa del rinnovamento,
che io possa svegliarmi
dell'incubo del passato.

Ho sbagliato

Ho sbagliato,
dicono che sia umano.
Il pensiero va oltre
i limiti del successo.
la vittoria non è
Non commettere errori,
ma non ripeterli un'altra volta.
Ho combattuto il giudizio della gente
accontentandoli,
negandomi la soddisfazione
di vincere
trasformando tutte le strade in salita già
compiute
in un enorme fosso
dove vinceva la paura d'esser me stessa.
Un no convinto..
avrebbe vinto!
eppure gli occhi indiscreti
della gente,
hanno fatto sì che io
dal quel viaggio
non ne uscissi vincente.
Ma quella mano tesa

in due parole mi ha insegnato
che non è importante
se è stato giusto o sbagliato,
la vera vittoria è ripartire
da dove s'è lasciato
e continuare a drogarsi
ma nella legalità..
dell'amore e della Felicità!

Primavera

La primavera è arrivata
con fare sicuro.
Gli animali si risvegliano
ed anche noi ci risvegliamo
da tristezza e malinconia.
Con la primavera nel segno di rinascita
anche la prima margherita
si risveglia
tra un verde prato,
ancora infreddolita…
è l'inizio di una nuova vita!

Tornano i ricordi

E mentre questa sigaretta
brucia lentamente,
tornano vivi i ricordi dentro me.
Con occhi diversi
li guardo,
li sfioro,
li assaporo,
ma li tengo lontani
perché oggi è già domani.
Quel domani che non doveva esserci
quel domani che ci rende complici
in una vita che ci vuole semplici.
Tocco con fare sicuro il passato
perché tu mi hai reso sicura
quando mi hai abbracciato.
Quando tutto il mondo
cadeva a pezzi su di me
nella mia vita non ero sola
c'eravate voi tre.

Vi dedico una stella

Ora vi racconto una storia a cui
non crederete mai,
una ragazza
che sogna miracoli
in una vita
fatta di ostacoli.
Lì in alto a destra
c'è una stella
la dedico a voi
che mi avete dato gioia e costanza
in una vita senza speranza
la vita... la dedico a voi.

La Prima stella a destra
ci sono tre persone
una famiglia,
giuro,
che non è un illusione
tu un pò donna un po' bambina
non crescerai mai
credi ancora nei miracoli
ti metterai nei guai
non crescerai mai

se metti il cuore in tutto ciò che fai
ma se vuoi credici...
sono i sentieri
quelli di notte
a far paura
anche di giorno
in una vita in cui tutto è buio
guardatemi gli occhi
sono sinceri
e qui vi dico
con una canzone
che voi siete l'amore
son cresciuta sola
ma con voi sola mai sarò.

La prima stella a destra
c'è molta confusione
perchè sto provando
quello che non ho provato mai.
Faccio fatica a crederci
la mattina mi sveglio e penso a voi
e non ci crederete mai
ma mi tiro fuori dai guai
per non deludervi,
per esser fieri,
io mi tiro fuori dai guai
lo faccio per voi... per voi.

La prima stella a destra siete voi.

Una bambina cresciuta troppo in fretta
per colpa della gente che dova proteggerla
si è ritrovata a lottare da sola
si è ritrovata a sognare di volare
piangeva sotto le sue lenzuola
cercava qualcuno di cui fidarsi
ha preso questa vita a morsi
ha il cuore in mille pezzi
finché ha incontrato voi
la prima stella a destra la sua famiglia
la prima stella a destra la parola amore
la prima stella a destra siete voi.

Tutto quello che ho

Tutto quello che ho
è racchiuso fra le mie mani
e con un solo soffio...
può volare.
Tutto quello che ho
è un brivido
che mi fa tremare.
Ascolto in silenzio
il cantar degli usignoli
alzo gli occhi al cielo
in attesa di risposte
ma l'unica che ricevo
è quella voglia irrefrenabile
di reagire,
quella strana voglia
che mi dice
è ancora presto per morire.

Vento negli occhi

Ormai era arrivato quel tempo
in cui vivere di speranza
divenne la mia unica via di scampo,
vagavo,
col vento negli occhi vagavo,
a coprir lacrime di cui nessuno sapeva niente.
vedo fotografie nel tempo cambiare
vedo pian piano il tempo passare
e io mi ritrovo qui...
non so dove...
non so con chi...
non trovo neanche me stessa
in mezzo a sta gente qui...
il tempo continuava inesorabilmente a passare...
ero io quella ferma in un luogo sconosciuto che
sentivo casa mia.
Col vento negli occhi
asciugavo ciò che nessuno fu in grado di vedere
ricordi, rimpianti,
paure ma anche gioie
faticavo a parlare
ma nessuno
poteva impedirmi di scrivere

non ne dicevo molte di parole
una cosa è sicura
col vento o senza

…Fate attenzione agli occhi…

Portami lontano

Ho visto fiumi e monti
sgretolarsi
davanti a me...
credere che più nulla esistesse
di fronte a me
diventare piccola piccola,
ma farmi male come i grandi
aver paura d'immagini
che scorrono innanzi i miei occhi
fai piano
mi fai male se mi tocchi
parlami
ma fallo più forte perché potrei non sentirti
parlami più forte
ma usa la dolcezza potrei spaventarmi
prendimi per mano
portami nel luogo più sicuro che c'è
prendimi per mano anche se un luogo sicuro
no... non c'è.

Libro aperto

Sono un libro aperto
sfogliato a metà o forse
mai letto,
dov'è scritta la mia storia
e forse anche la tua.
Ci svegliamo la mattina
entrambi con un sogno,
di giorni son passati
i sogni realizzati
e quelli inseguiti
per una vita intera.
Ascoltami se non parlo
non saprei dire
che il mondo intorno a me crolla
e io forse non mi sposto
non ho le forze ed anch'io crollo.

Vivere

Ho gli occhi verdi
come se non lo sapessi,
ma tu andando oltre
hai visto le tracce
dei miei passi.
Corro sulla sabbia
quasi a cercar qualcosa
senza pensare
di avere già tutto. Tutto?
O forse niente
tutto ciò che mi fa ancora sperare
in una vita migliore
niente che possa ancora
distruggere i sogni miei
tanti i vorrei
pochi saprei
ma oggi sono qui
non mi chiedo il perché
ma voglio vivere
perché una fine ancora non c'è.

La fine

Pensaci,
la fine non è poi così
orribile,
quello che un bruco
chiama fine del mondo…
Il resto del mondo la chiama farfalla.
Ed è un po' così che funziona
non sappiamo cosa ci aspetta
e questo ai più fa paura.
a me spaventa la vita,
quella si che è dura
per ora sono qui
chi l'ha dura la vince
e io vincerò!

Il Mare

In questi giorni
sogno di specchiarmi al mare,
col sole che scalda la mia anima
immagino i bambini giocare
davanti la sua immensità,
ed un raggio di sole
si posa sul mio volto
e mi tiene per mano
tra nuvole di sabbia
dove sogni diventano realtà.

Corre il tempo

Corre lontano il tempo
un po' come il vento
che mi scompiglia i capelli,
o come le correnti marine
che s'infrangono sugli scogli.
Corre lontano il tempo
che porta con sé ricordi,
corre lontano il tempo
che neanche te ne accorgi.
Corre lontano, troppo lontano.

Ripensi a ciò che è stato

Ed è difficile
non pensare
a ciò che mi ha portato qui
ed è difficile non pensare
alla sera di quel lunedì.

Il tempo

Era tutto lì,
nel ticchettio del tempo
che scorreva lento,
la risposta alla vita.
Sogni, paure, desideri,
tutto si era fermato
come un orologio rotto
di chi in un istante
stava per perdere tutto.

Una vita non cercata

Una vita
forse,
mai amata
i sogni nel cassetto
si sgretolano come sabbia
pian piano un cielo scuro
si riempie di nebbia
puoi vederla,
ma al tatto non la senti.
Un po' come una vita vissuta a stenti.
Solo io non sapevo che non sarebbe stata la fine
ma la sera in cui tutto ebbe inizio.

Arrivò

Il tempo si fermò
alla ricerca dei miei perché
sapevo far tutto
eppure…
non sapevo tenermi niente
o forse sapevo solo distruggere tutto
tra mille paure arrivi tu,
non sai dare risposta
alle mie domande
ma sai trattenermi ancora un po'
ignara io,
di tutto ciò che stava per succedere
la mia vita quella sera cambiò
ma solo dopo potevo saperlo
intanto mi son fidata…
per l'ennesima volta,
mi son fidata.

Lei

Non so se dirle grazie
di sicuro m'ha salvata
chissà se non fosse arrivata
qualcosa in questa vita sarebbe poi cambiata
io non ci sarei stata
la vita l'avrei lasciata
e oggi tra rimorsi e rimpianti
forse è vero che sono un po' cambiata
perché scelgo di dirle grazie
per esserci stata
nel momento del bisogno
e non avermi rifiutata.

Quello che ho imparato

Son passati mesi e mesi
di certo tanto ho imparato.
Non dare nulla per scontato
come il tempo che ti vien donato
o anche quello negato.

Ricordo

Il tempo che lava ogni ricordo,
ed io
che non ricordo più.
So solo che ho miliardi di sentimenti
diversi in testa
e non so se son positivi o negativi.

L'inizio

La fine,
non è altro che un nuovo inizio
dove recuperare le forze di una nuova vita,
l'ennesima salita.
Ma con l'unica certezza,
che domani sarà meglio.

Il mare

È l'unico posto dove desidero andare
Per vedere bambini giocare.
Nell'azzurro mare.
E ti chiedi che sogni ha da raccontare
desideri vaganti
su una spiaggia di stelle infinite.

Ad oggi

Ad oggi son diverse le cose
che vorrei dirle
Ma lascio fare agli occhi
tutto ciò che non so spiegarle.

Il cambiamento

Attendo il cambiamento,
che arriva come una sberla in faccia
Che brucia ancora di un amaro ricordo.
Ma se dimentico da dove sono giunta
è la spinta giusta
per un cambiamento di sana speranza.

Orizzonte

Decisi di dare un senso al tutto
osservendo il niente.
Con lo sguardo perso verso l'orizzonte.
una storia non cercata
la mia strada disperata.
Soffio tra le pagine di un libro già letto
dove un tempo distratto mi guarda crescere
non abbandono nella mia mente
un tenero sguardo sfiorato.

Perdono

Tu, anima inquieta che non trova pace
impara a perdonarti.
Sopra le soglie dell'abisso
impara a perdonarti
quando tutto tace,
quando non c'è luce,
quando desideri solo momenti di pace
impara a perdonarti.

Nella mia anima

Nella mia anima
ricordi in bianco e nero
e
speranze per un domani che forse
mai verrà.
Nella mia anima tutto tace
cerco a me stessa la pace
per un nuovo inisio
che forse
mai arriverà.

Piovono parole

Mi avvolgo con le parole
delle incertezze della vita.
Mi distendo su nuvole di frasi
che piovono come sassi
pronti a frantumarsi.
Per una storia raccontata male
o un sogno di una vita
che forse si realizzerà
io, aspetto il tempo che verrà.

Il tempo

Lascio al tempo
il compito di darmi risposte
anche,
a domande mai poste.
Lascio al tempo
il compito di vedermi danzare
sotto quella delicata pioggia
in vista di un cambiamento
che altro non è che
il segno di sogno realizzato
per metà.

Al sicuro

Hai visto i miei sogni arrendersi
hai visto prendere il quadro e distruggerne la tela
hai visto la mia anima in pena
ditruggersi lentamente
e
poi ricomporsi velocemente
nell'attesa di uno sguardo sicuro
nell'attesa di un momento insicuro
tu,
mi hai presa e portata nel posto più sicuro che c'è.

L'assenza

E poi quei giorni,
che fatica ridere.
Lasciar fare al tempo il suo corso
dando colpa agli attimi
…o vivere d'istanti
…distanti…
quei giorni in cui vorresti solo che l'alba ti porti
con se
lasciando che gli altri sentano l'assenza
quando non hanno saputo
apprezzare la presenza.
Vivo di rimpianti,
non c'è una sola notte
che non mi addormenti
col cuscino bagnato di false speranze.
Cammino a passi lenti,
vivo a stenti.
Smetto di ricordare,
perchè tutto ciò che ricordo fa male.

Ostacoli

Gli ostacoli son tanti...
soprattutto se...
ci tengono distanti.
Vivere di rimpianti
non serve
se le trasgressioni sono accattivanti.

Gioia

A volte vorrei fermare il tempo
…quando ridi…
per donarti una gioia sempre viva.
Non posso rubare al cielo la stella più bella,
non posso rubare all'arcobaleno i colori
più luminosi
ma fammi essere tua amica
e costruiremo insieme i giorni più
armoniosi.

I problemi

Vorrei prendere tutti i problemi
e gettarli in mare,
vederli sciogliersi come il sale
Vorrei prendere i problemi
e vederli scoppiare
proprio come il sapone
e la sua bolla.

Vittime della vita

Non siamo noi a voler vivere
è la vita che ci vive.
Piomba su proggetti e sogni
e li fa suoi.
Siamo vittime di un carnefice chiamato
VITA!

Cielo grigio

E ancora piove
in questo grigio cielo.
E ancora piove dove non c'è scudo ne velo.
Vedo il volto della mia anima bagnarsi
di vaghi ricordi
ma quel 2 novembre
è l'unico che più ci provi
e più
non scordi!

Sogni

E che sono i sogni miei
che seppur io ci contavo
non gli ho mai dato il giusto peso.
Mi nutro coi sogni degli altri
e li faccio miei.
Solo per vederli felici
Solo per vedere occhi felici!

A te

Ti scrivo queste pagine
perchè non ho altro
modo di ringraziarti
per avermi dato un altra opportunità
per avermi dato un'altra vita
da cui ricominciare,
da cui rubare sogni al cielo
e farli miei.
Guardare uno specchio
e non girarmi dall'altra parte
aver la possibilità di farmi male
ma scegliere di star bene.
Ti dedico queste poche pagine
per dirti che ho voglia di ricominciare
a camminare a passo lento
ma anche correre in contro al vento
Veder gli inverni passare e scaldarmi
con l'attesa dell'estate.
Dare un senso alle festività.
Prendere in mano la mia vita
e farne molto di più.

Grazie perché

Grazie per quello che sono
quando sto con te.
Grazie perché mi fai sentir importante
in un mondo in cui mi hanno insegnato
che non valgo niente.
Grazie per quello che sei
quando sei con me,
perché mi hai insegnato
che non tutti indossano maschere
Grazie per ogni minute,
ogni istante
perché sai farmi sentir viva
anche contro corrente.
Grazie per aver sopportato
i miei momenti di rabbia
e aver dato un senso alle cose
quando per me non lo avevano.
Grazie per essermi rimasta accanto
quando la maggior parte mi ha voltato le spalle

semplicemente
GRAZIE!

Indice

Printed in Great Britain
by Amazon

10295096R00057